고이왕은 벼슬을 6좌평과
16관등제로 나누어 신하들이 제각기 맡은
분야에서 나랏일을 돌보게 하여 나라의
기틀을 다졌어요. 밖으로는 바다 건너
낙랑을 쳐서 크게 이기고
대방의 항복을 받아 냈어요.
자, 백제의 역사 속으로 들어가 볼까요?

추천 감수 박현숙 (고대사)

고려대학교 사범대학 역사교육과를 졸업하고 동 대학원에서 문학박사 학위를 받았습니다. 현재 고려대학교 사범대학 역사교육과 교수로 재직 중이며, 백제 문화와 고대 인물사 등에 대한 활발한 연구를 계속하고 있습니다. 쓴 책으로 〈백제의 중앙과 지방〉, 〈한국사의 재조명〉 등이 있습니다.

추천 감수 정구복 (고려사 · 조선사)

서울대학교 사범대학 역사교육과를 졸업하고 서강대학교에서 문학박사 학위를 받았습니다. 한국학중앙연구원 한국학대학원의 교수로 재직 중이며, 한국학중앙연구원 한국학대학원 원장을 역임하였습니다. 쓴 책으로 〈한국인의 역사 의식〉, 〈역주 삼국사기〉, 〈한국 중세 사학사 1, 2〉 등이 있습니다.

추천 감수 김한종 (근현대사)

서울대학교 사범대학 역사교육과를 졸업하고 동 대학원에서 역사교육을 전공하여 문학박사 학위를 받았습니다. 현재 한국교원대학교 교수로 재직 중입니다. 쓴 책으로 〈역사 교육 과정과 교과서 연구〉, 〈역사 교육의 내용과 방법〉(공저), 〈한 · 중 · 일 3국의 근대사 인식과 역사 교육〉(공저), 〈역사 교육과 역사 인식〉(공저) 등이 있습니다.

고증 문중양 (과학사)

서울대학교 계산통계학과를 졸업하고 동 대학원에서 이학박사 학위를 받았습니다. 쓴 책으로 〈우리 역사 과학 기행〉, 〈우리의 과학문화재〉(공저), 〈세종의 국가 경영〉(공저) 등이 있습니다.

고증 정연식 (생활사 및 복식)

서울대학교 국사학과를 졸업하고 동 대학원에서 문학박사 학위를 받았습니다. 쓴 책으로 〈조선 시대 사람들은 어떻게 살았을까?〉(공저), 〈일상으로 본 조선 시대 이야기 1, 2〉 등이 있습니다.

글 박영규

1996년 밀리언셀러 〈한권으로 읽는 조선왕조실록〉을 출간한 이후 〈한권으로 읽는 고려왕조실록〉, 〈한권으로 읽는 백제왕조실록〉, 〈한권으로 읽는 신라왕조실록〉 등 '한권으로 읽는 역사 시리즈'를 펴내면서 쉽고 재미있는 역사책 읽기의 바람을 일으켰습니다. 그 외에도 〈교양으로 읽는 한국사〉 등의 많은 역사책을 썼습니다.

그림 유현아

서울산업대학교에서 시각디자인을 공부하고 현재 프리랜서 일러스트레이터로 활동하고 있습니다. 그린 책으로 〈바위나라로 간 폰테 추장〉, 〈입말로 들려주는 옛이야기〉 시리즈 등이 있습니다.

이미지 제공

연합포토, 중앙포토, 국립중앙박물관, 국립부여박물관, 국립경주박물관, 국립민속박물관, 유연태(사진작가), 허용선(사진작가)

광개토 대왕 이야기 한국사 **17** 백제

해상 왕국을 꿈꾸는 백제

총기획 및 발행인 박연환
발행처 (주)한국헤르만헤세
출판등록 제17-354호
연구개발원 경기도 성남시 분당구 금곡동 444-148
대표전화 (031)715-7722
팩스 (031)786-1100
본사 서울시 송파구 석촌동 7-3
대표전화 (02)470-7722
팩스 (02)470-8338
고객문의 080-715-7722
편집 임미옥, 백영민, 윤현주, 지수진, 최영란
디자인 장월영, 주문배, 김덕준, 김지은

이 책의 표지는 일반 용지보다 1.5배 이상 고가의 고급 용지인 드라이보드지를 사용해 제작하였습니다. 표지를 드라이보드지로 제작하면 습기의 영향을 덜 받기 때문에 본문 용지가 잘 울지 않고, 모양이 뒤틀리지 않아 책을 오랫동안 보존할 수 있습니다.

이 책은 기존의 석유 잉크 대신 친환경 식물성 원료인 대두유 잉크를 사용하여 인쇄하였습니다. 대두유 잉크는 선진국에서 널리 사용하고 있는 고가의 대체 잉크로, 휘발성이 적어 인쇄 상태의 보존이 용이하고, 인체에 무해할 뿐만 아니라 눈에 부담을 주지 않고, 자연스러운 색을 내는 특징이 있습니다.

해상 왕국을
꿈꾸는 백제

감수 박현숙 | 글 박영규 | 그림 유현아

한국헤르만헤세

나라의 기틀을 세운 고이왕

반란으로 왕이 되다

구수왕이 세상을 떠나고 어린 사반왕이 왕위에 오르자
고이왕은 군사를 일으켜 사반왕을 내쫓고 스스로 왕이 되었어요.
"왕실의 혈통을 바로 세우고 나라를 평안케 하리라."
왕이 된 고이왕은 자신이 초고왕과 같은 어머니에게서 태어났다는
사실을 강조하며 사반왕을 내쫓은 잘못을 덮으려고 했어요.
"왕과 왕비 사이에서 태어난 나야말로 제대로 된 왕의 핏줄이지."
기록에는 고이왕이 반란을 일으킨 사실이 정확히 나와 있지는 않지만,
앞뒤 상황을 살펴보면 사반왕을 왕위에서 강제로 내쫓았음을 짐작할 수
있어요. 그래서 많은 사람들은 고이왕이 출신을 속이고 반란을 일으켜
왕위를 빼앗았다고 생각한답니다.

고이왕이 반란을 일으켜 왕이 된 후,
백제의 궁궐은 왕위를 둘러싸고 큰
다툼에 빠졌어요.
고이왕 이후 그의 후손인 제9대 책계왕과
제10대 분서왕이 차례로 왕위를 이어 갔어요.
하지만 분서왕이 낙랑의 자객에게 죽임을
당하자, 신하들은 평민이던 비류왕을
구수왕의 둘째 아들이라며 왕위에 앉혔지요.
이후 분서왕의 아들이 왕위를 되찾아
제12대 계왕이 되었어요.
하지만 불과 2년 만에 목숨을 잃고 말았어요.
계왕을 내쫓은 사람은 비류왕의 둘째 아들인
근초고왕이었어요.

행정 조직과 신분 질서를 굳게 세우다

고이왕은 나라의 기틀을 다지기 위해 힘을 기울였어요.

'지금은 신하들의 벼슬이 잘 나뉘어 있지 않아

누가 무슨 일을 하는지 알 수 없구나.

내 뜻을 백성들에게 잘 전달하기 위해서는 신하들의 벼슬을

좀 더 체계적으로 나누는 일부터 시작해야겠다.'

고이왕은 신하들을 모아 놓고 말했어요.

"벼슬을 16관등으로 나누고, 1품인 6좌평이 각자 분야를 맡아서

나랏일을 꾸려 나가도록 하라. 그리고 직책이 낮은 관리가 한 일은

그 감독을 맡은 높은 벼슬의 관리가 책임져야 한다."

좌평이라는 벼슬은 오늘날의 장관에 해당하는 거예요.

백제는 나랏일을 효율적이고 체계적으로 할 수 있게 되었어요.

고이왕은 좌평 자리에 대부분 자기 친척들을 앉혀 왕권을

튼튼하게 만들었어요.

한편 벼슬이 갑자기 상세하게 나뉘자 신하들은 당황했어요.

누가 무슨 벼슬인지, 자기 위에 어떤 벼슬이 있는지 헷갈렸거든요.

그래서 고이왕은 벼슬마다 옷 색깔을 다르게 했어요.

"1품부터 6품까지는 자줏빛 옷을 입고 은 꽃으로 장식하고,

7품부터 11품까지는 붉은옷을 입고,

12품부터 16품까지는 푸른 옷을 입도록 하라."

관등에 따라 옷 색깔이 달라지자 신분이 높은 사람을
금방 알아볼 수 있게 되었어요. 이처럼 신분 질서가
잡히자 그만큼 왕실의 권위가 강해졌어요.

고이왕은 백성들의 마음을 헤아리는 일에도 신경을 썼어요.

'만약 나랏일을 직접 하는 신하들이 나쁜 마음을 먹는다면 괴로운 것은

백성들이겠지. 내가 신하들을 일일이 감시할 수도 없는 노릇이고.

어떻게 하면 좋지?'

고이왕은 법을 만들고 재판하는 일을 맡은 조정 좌평을 불렀어요.

"신하들이 백성들을 괴롭히지는 않을까 걱정이구나.

이를 막을 방법이 없겠느냐?"

조정 좌평이 대답했어요.

"무엇보다 신하들이 백성들의 재물을 빼앗거나 뇌물을 받는 게

문제입니다. 그러니 도리에 어긋나는 행동을 한 신하들에게 큰 벌을

내리시는 게 어떻겠습니까?"

"옳거니! 그러면 백성들도 신하들의 횡포에 겁을 먹지 않겠구나."

고이왕은 뇌물을 받거나 도적질을 하는 관리에게 벌금을 물게 하고,

백성들을 많이 괴롭힌 관리는 죽을 때까지 감옥에 가두었어요.

어느 날, 고이왕은 백성들이 농사짓는 모습을 보러 궁궐 밖으로 나갔어요.

이곳저곳을 돌아다니던 고이왕은 남쪽 땅에 다다르자 무릎을 탁 쳤어요.

"바로 이곳이다. 이곳에서 벼농사를
짓도록 하면 좋겠다."
그곳은 늪지대로, 물이 일 년 내내 고여
있는 땅이었어요. 벼농사에는 물이
많이 필요했기 때문에 백성들은 물을
끌어다 쓰느라 고생이었거든요.
고이왕은 농사짓기 좋게 땅의 돌을
고르고 물이 빠져나갈 수로를 만들게
했어요. 그러자 이듬해 쌀을
많이 거둘 수 있었어요.
백성들의 생활은 물론 나라
살림도 훨씬 넉넉해졌답니다.

이곳에 물이
많으니 벼농사를
지으면 좋겠구나.

봄이 되자 가을에 거둔 곡식이
떨어져서 백성들은 굶주림에 시달렸어요.
고이왕은 봄에는 백성들에게 세금을 걷지
않고, 궁궐 창고에 쌓여 있는 곡식을 나누어
주었어요.
왕위에 오른 지 7년째인 240년에 고이왕은
백제의 힘을 널리 알리려고 했어요.
"그대들은 군사를 모두 모아 이제까지 닦아 온
실력을 뽐내 보아라."
백제의 군사들이 모두 모이자,
장수 하나가 고이왕에게 성큼성큼 걸어왔어요.
"폐하, 이제 모든 준비가 끝났습니다.
군사들이 폐하를 기다리고 있사옵니다."
고이왕은 흐뭇한 표정으로 자리에서 일어났어요.
"그대들이야말로 백제의 기상을 떨칠 용사들이다.
그대들이 있어 온 백성이 마음 놓고 살 수 있는 것이다."

그때였어요.

호수에서 오리 한 쌍이 하늘로 날아올랐어요.

고이왕은 신하에게 명령했어요.

"어서 가서 내 활을 가지고 오라."

고이왕이 당긴 화살이 정확하게 오리를

맞혔어요.

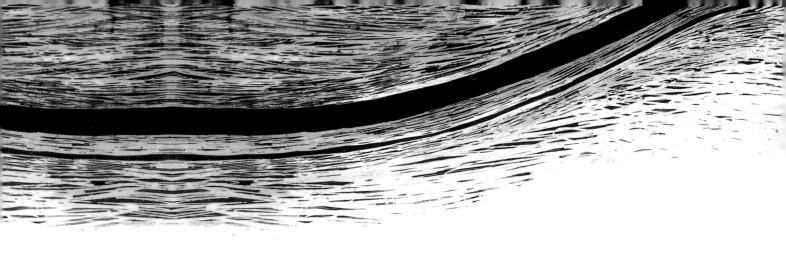

지켜보던 군사들과 신하들은 감탄했어요.

고이왕은 사냥을 가서 혼자 사슴 40마리를 잡아 오기도 했지요.

고이왕은 이렇게 무예 닦는 일을 중요하게 생각했답니다.

중국으로 나아간 백제

고이왕은 높은 벼슬에 있는 신하들을 불렀어요.

"이제 바깥으로 눈을 돌릴 때가 된 듯하다.

중국과 북쪽 국경 지역의 사정은 어떠한지 말해 보라."

"중국은 지금 한나라가 무너진 뒤 위나라, 오나라, 촉나라로 나뉘어

서로 힘을 겨루며 혼란에 빠져 있습니다."

"중국이 안정되지 않으니, 주변의 나라들은 힘을 키워 땅을 넓힐

기회를 엿보고 있습니다. 요동 지방에서는 고구려가 큰 승리를 거두며

땅을 넓혀 가고 있다고 합니다."

"고구려가 요동을 차지하려 한다?

그렇다면 고구려에 맞설 만한 세력은 있느냐?"

고이왕이 묻자 신하들이 대답했어요.

"고구려는 처음에 위나라와 가까이 지냈습니다.
하지만 이제는 서로 힘을 겨루는 사이가 된 것
같습니다. 지금은 고구려를 누를 만한
나라가 없사옵니다."
고이왕은 결심한 듯 신하들에게
말했어요.
"그렇다면 지금이 우리에게는
좋은 기회로구나. 우리도
땅을 넓혀야 거두어들이는
것도 많아지지
않겠느냐?"

그동안 열심히 훈련을
했으니 어느 나라와
싸워도 문제없어.

"그대들은 전쟁을
치를 준비를 하라.
한반도뿐만 아니라 저 중국에도
우리 백제의 깃발이 휘날리게 할 것이니라."
고이왕은 지금이 중국으로 나아갈 가장
좋은 때라고 생각했어요.
모든 준비를 마친 고이왕에게 드디어 기회가 왔어요.

너희는 이제
백제의 포로다.
모두 배에 타거라.

246년 8월, 위나라 장수 관구검이 낙랑 태수 유무, 대방 태수 궁준과
함께 고구려를 치러 떠났다는 소식이 들려왔어요.

'낙랑의 군사들이 고구려로 빠져나갔으니 지금은 비어 있겠구나.
대방의 군사들도 고구려로 함께 갔다고 하니,
우리가 낙랑을 치는 동안 가로막을 자들이 없을 것이다.'
이렇게 생각한 고이왕은 신하들과 군사들을 불러 모았어요.

"우리 백제는 천하를 다스릴 만한 힘이 있는 나라다.
마침 낙랑이 비어 있다고 하니, 이때를 놓치면 우리가 다시 중국으로
나아가기 힘들 것이다. 장수 진충은 가까이 오너라."

진충이 앞으로 나와 무릎을 꿇자 고이왕은 큰 칼을 내리며 말했어요.

"그대는 군사를 이끌고 낙랑으로 가라. 낙랑의 군사들은 고구려를
치기 위해 나라를 비운 상태다. 우리가 바다를 건너올 거라고는
상상도 하지 못할 것이다. 그들에게 우리 힘을 보여 주고 오라."

진충은 군사를 이끌고 바다를 건넜어요.

진충은 낙랑의 백성들을 사로잡아 백제로 돌아왔어요.

고이왕은 뿌듯한 미소를 지었어요.

"이렇게 손쉽게 포로를 많이 잡아 오다니 장하구나.
앞으로 낙랑을 칠 계획을 잘 세우도록 하라."

그리고 낙랑의 백성들을 감옥에 가두었어요.

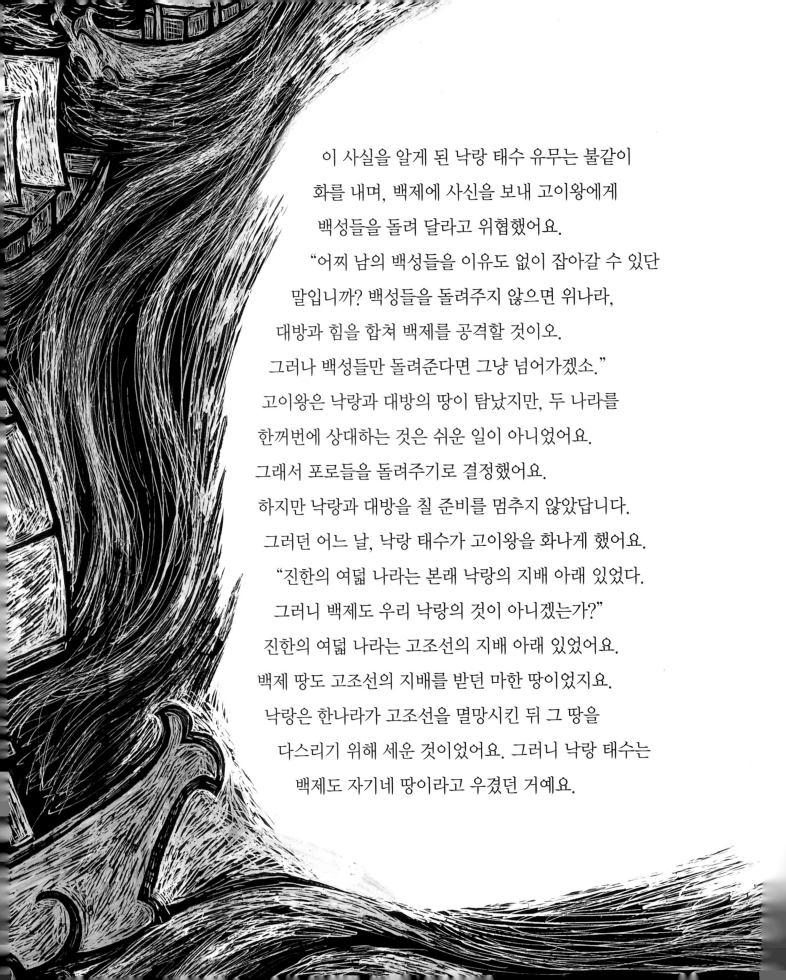

이 사실을 알게 된 낙랑 태수 유무는 불같이
화를 내며, 백제에 사신을 보내 고이왕에게
백성들을 돌려 달라고 위협했어요.
"어찌 남의 백성들을 이유도 없이 잡아갈 수 있단
말입니까? 백성들을 돌려주지 않으면 위나라,
대방과 힘을 합쳐 백제를 공격할 것이오.
그러나 백성들만 돌려준다면 그냥 넘어가겠소."
고이왕은 낙랑과 대방의 땅이 탐났지만, 두 나라를
한꺼번에 상대하는 것은 쉬운 일이 아니었어요.
그래서 포로들을 돌려주기로 결정했어요.
하지만 낙랑과 대방을 칠 준비를 멈추지 않았답니다.
그러던 어느 날, 낙랑 태수가 고이왕을 화나게 했어요.
"진한의 여덟 나라는 본래 낙랑의 지배 아래 있었다.
그러니 백제도 우리 낙랑의 것이 아니겠는가?"
진한의 여덟 나라는 고조선의 지배 아래 있었어요.
백제 땅도 고조선의 지배를 받던 마한 땅이었지요.
낙랑은 한나라가 고조선을 멸망시킨 뒤 그 땅을
다스리기 위해 세운 것이었어요. 그러니 낙랑 태수는
백제도 자기네 땅이라고 우겼던 거예요.

낙랑 태수 유무의 말에 고이왕은 발끈했어요.
"이런 건방진 놈을 보았나!
우리에게 당하고도 무서운 줄을 모르는군.
낙랑을 칠 것이니 준비를 서두르도록 하라."
백제의 군사들은 낙랑이 다스리고 있는 대방으로 건너갔어요.
태풍이 몰아치듯 대방의 군사들을 밀어냈지요.
대방 태수는 백제군과 싸우다 목숨을 잃고 말았어요.
"이러다 우리 모두 죽고 말겠네. 무슨 수가 없겠소?"
한 신하가 머뭇거리며 대답했어요.
"태수님의 따님을 백제에 시집보내는 것이 어떻겠습니까?
사돈의 나라가 되면 우리 목숨만은 살려 줄 것입니다."
신하들은 대방 태수의 딸에게 사정을 이야기했어요.
"아가씨, 정말 죄송합니다.
태수님께서도 돌아가시고 저희는 더 이상
백제와 싸울 힘이 없습니다. 그러니 아가씨께서
백제로 시집을 가 주셨으면 합니다."
대방 태수의 딸은 눈물을 흘리며 고개를 끄덕였어요.
혼인이 이루어지자 백제는 대방의 땅을 차지하는
대신 사람들의 목숨은 살려 주었답니다.

아버지를 죽인
나라로 시집을
가야 하다니….

중국까지 힘을 뻗친 고이왕은 다른 나라들이
백제를 넘보지 않을까 걱정되었어요.
"우리가 대방을 손에 넣었지만, 주변에서 우리를 가만히 둘지
염려되는구나. 다른 나라들의 사정에 대해 말해 보아라."
신하들이 대답했어요.
"우리가 대방을 차지한 것을 반길 나라는 없사옵니다.
앞으로 우리 백제를 막기 위한 움직임이 많을 것입니다."
"그러하옵니다. 특히 신라가 걱정입니다. 우리와 고구려에
막혀 잘 뻗어 나가지 못하고 있는 만큼 우리를 시기하고
있을 게 분명합니다."
고이왕의 생각도 같았어요.
"주변 나라에서 중국에 있는 백제 땅을 공격해 올지
모르니 튼튼한 요새도 지어야 하고, 군사도 더 보내야
해. 또 대방 지역의 백성들도 다독여야 할 텐데……."
이렇게 중국에서 할 일이 많은 때에 신라가 자꾸
국경을 넘보면 골치 아프게 될 것이 분명했어요.
그래서 고이왕은 255년에 신라를 공격했어요.
신라와의 전쟁이 생각보다 길어지자
고이왕은 걱정이 많았어요.

에잇! 어딜 감히
신라를 넘보느냐?

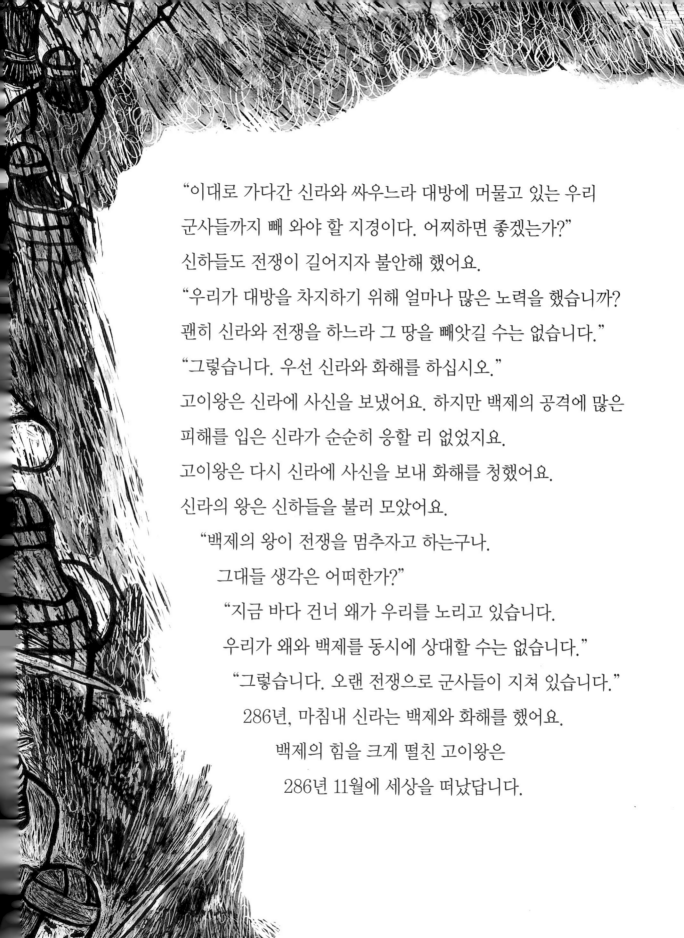

"이대로 가다간 신라와 싸우느라 대방에 머물고 있는 우리
군사들까지 빼 와야 할 지경이다. 어찌하면 좋겠는가?"
신하들도 전쟁이 길어지자 불안해 했어요.
"우리가 대방을 차지하기 위해 얼마나 많은 노력을 했습니까?
괜히 신라와 전쟁을 하느라 그 땅을 빼앗길 수는 없습니다."
"그렇습니다. 우선 신라와 화해를 하십시오."
고이왕은 신라에 사신을 보냈어요. 하지만 백제의 공격에 많은
피해를 입은 신라가 순순히 응할 리 없었지요.
고이왕은 다시 신라에 사신을 보내 화해를 청했어요.
신라의 왕은 신하들을 불러 모았어요.
　"백제의 왕이 전쟁을 멈추자고 하는구나.
　　그대들 생각은 어떠한가?"
　　"지금 바다 건너 왜가 우리를 노리고 있습니다.
　　우리가 왜와 백제를 동시에 상대할 수는 없습니다."
　　"그렇습니다. 오랜 전쟁으로 군사들이 지쳐 있습니다."
　　286년, 마침내 신라는 백제와 화해를 했어요.
　　　백제의 힘을 크게 떨친 고이왕은
　　　　286년 11월에 세상을 떠났답니다.

백제와 대방을 동시에 다스린 책계왕

대방 태수의 딸과 혼인하다

책계왕의 아내는 대방 태수의 딸 '보과'라는 사람이었어요.

고이왕 때 대방이 백제에 항복하면서 태수의 딸을

고이왕의 아들(훗날 책계왕)에게 시집보냈던 거예요.

백제에 처음 와 본 보과는 매일 밤을 눈물로 지샜어요.

"내 고향이 그립구나. 고향의 바닷가는 지금 무척 아름다울 텐데

여기는 강밖에 보이지 않으니 마음을 달랠 길이 없다.

아버님께서 돌아가셨으니 고향으로 돌아갈 수도 없구나."

베갯잇을 눈물로 적시기에도 지친 보과는 대방으로 돌아가는 것을

포기하고 백제 사람으로 살기로 결심했어요.

책계왕의 아버지인 고이왕은 낙랑과 전쟁을 벌이면서 대방을

공격하여 대방 태수로 있던 궁준을 죽였어요.

대방의 신하들은 어쩔 수 없이 태수의 딸을 백제 왕자와 혼인시켰지요.

책계왕은 대방 지역까지 뻗어 나간 백제가 매우 자랑스러웠어요.

'우리가 비록 작은 나라지만, 지금은 한반도뿐만 아니라

대방 지역까지 다스리고 있지 않느냐!

여기서 만족하지 말고 더 힘을 키워야겠다.'

어느 날, 대방에서 심상치 않은 소식이 들려왔어요.

"폐하, 고구려가 대방을 공격해 왔다고 합니다."

책계왕은 서둘러 장수들을 불렀어요.

"그대들은 얼른 대방으로 떠나라.
무슨 일이 있어도 고구려를 막아 내야 한다."

책계왕은 신하들을 불러 모았어요.

"대방에서 싸움이 나면 우리 북쪽 국경이 비는 틈을 타서
고구려나 말갈이 우리를 공격할지도 모른다.

▲ 아차산성

그대들은 어서 아차성과
사성으로 가서 성을 고치고
막을 준비를 하라."
한편 대방으로 간 백제군은
고구려군을 어렵지 않게
물리칠 수 있었어요.
이 소식을 들은 책계왕은
비로소 마음이 놓였어요.

부서진 곳을
고치고 무예를
갈고닦도록 하라!

'정말 다행이구나.
혹시나 대방을 빼앗기지 않을까
걱정이었는데…….
그곳의 요새만 잘 지킨다면 요서는 우리의
차지가 될 것이다.'
책계왕은 대방에 요새를 새로 세우고, 군사들을
훈련시켰어요.
책계왕은 낙랑이 대방을 공격하자, 아예 대방으로
건너가 낙랑과의 전쟁을 직접 지휘했어요.
그러다가 왕이 된 지 13년 만에 목숨을 잃게
되었지요.
책계왕은 이렇게 손수 대방 지역을 지켜 내다가
298년에 낙랑과의 전쟁 중에 목숨을 잃고
말았답니다.

영토 개척에 나선 분서왕

영토를 넓히고자 애쓰다

분서왕은 책계왕의 맏아들이에요.

아버지를 전쟁터에서 잃은 분서왕은 마음속으로 다짐했어요.

'반드시 아바마마의 한을 풀어 드릴 테다. 전쟁터에서 적들의 손에

돌아가셨는데, 어찌 아들인 내가 가만히 있겠는가!

대방을 지키는 것은 물론 다른 지역도 백제의 땅으로 삼을 것이다.

이제 중국 곳곳에서 백제의 깃발이 나부낄 것이다.'

분서왕은 신하들을 불러 말했어요.

"우리 백제는 중국으로 영토를 넓혀야겠다.

어디부터 공격해 가는 것이 좋겠느냐?"

신하들이 대답했어요.

"대방 지역은 바다를 끼고 있어 중국 땅으로 쉽게 나아갈 수 있습니다.

더구나 왜의 도움을 받기도 쉬울 것입니다."

"대방 지역을 지키기 위해서는 그곳을 다스렸던 낙랑을 눌러야 합니다.

한나라가 망한 뒤 낙랑은 종이호랑이와 같사옵니다.

다만 강했던 예전의 힘이 아직 남아 있으니,

군사를 움직임에 있어 신중해야 할 것입니다."

"얼마 전 낙랑이 대방을 공격하지 않았습니까?
대방을 친 죄를 묻겠다고 하고 낙랑을 치는 게 좋겠습니다."
신하들의 의견을 받아들인 분서왕은 304년 2월에
낙랑의 서현을 쳤어요. 당시
낙랑은 흉노족 지도자인
유연과 손을 잡고 백제에
맞서려고 했어요. 이를 알고
있던 분서왕은 더 이상
흉노의 도움을 받지 못하게
하려고 서현을 공격했던
거예요.
서현은 낙랑과 흉노가 서로
오가는 길목이었어요.
이렇게 분서왕은 중국
쪽으로 영토를 넓히고자
했답니다.

낙랑이 더 이상
흉노의 도움을 받지
못하도록 서현을
공격하라!

백제의 군사들은 성을 공격하는 데 훈련이 잘되어 있었어요.
맨 앞의 군사들이 성벽을 타고 올라갈 수 있는 사다리를 놓는 동안
가운데 있는 군사들은 성벽 위의 낙랑군에게 화살을 쏘았어요.
서현마저 무너지려고 하자 낙랑 태수는 어쩔 줄 몰랐어요.
"백제가 대방을 가로채 가더니 이제는 서현까지 차지하려고 난리구나.
백제의 기세를 꺾을 방법이
없겠느냐? 이러다 자칫 나라를

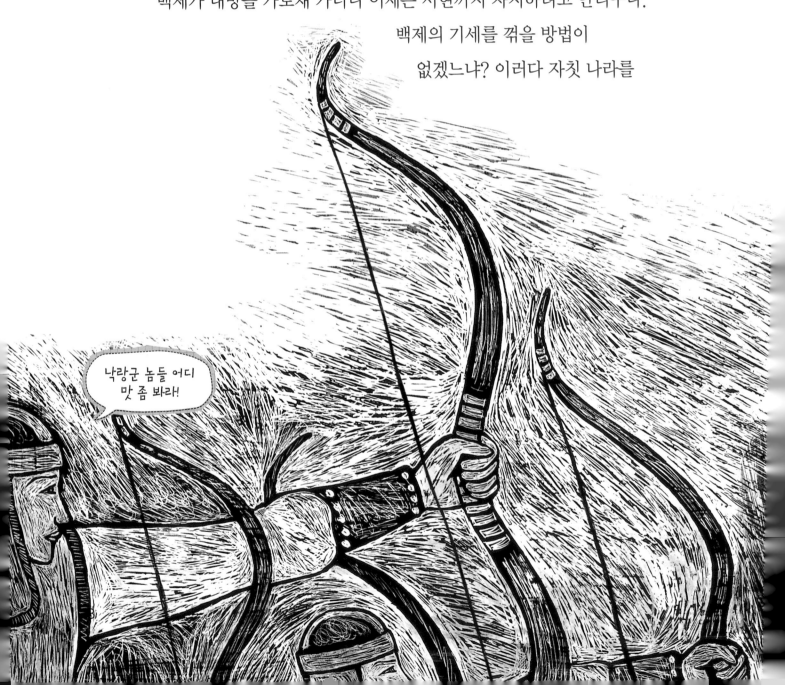

잃을 판이다."

낙랑의 신하들은 고개를 숙인 채 아무 말도 하지 못했어요.

그때 맨 끝에 서 있던 신하가 조용히 말했어요.

"백제의 왕은 서현을 치기 위해 바다까지 건너왔습니다.

그러니 백제의 왕만 죽인다면 이 전쟁은 금방 끝날 것입니다."

음, 저기 풀색 옷을 입은 자의 칼 솜씨가 마음에 드는구나.

낙랑 태수의 얼굴이 금세 환해졌어요.
"오호, 그렇단 말이지?"
신하가 다시 말을 이었어요.
"분명 백제의 신하들이나 백성들도 오랜
전쟁에 지쳐 있을 것입니다. 왕만 죽이면
쉽게 해결될 것이오니 걱정 마옵소서."
하지만 낙랑 태수의 얼굴이 다시
어두워졌어요.
"그럴 듯한 말이긴 하다만, 백제의 왕을
대체 어떻게 죽인단 말이냐?"
신하는 웃으며 대답했어요.
"백제 왕은 승리에 취해서 궁궐의
수비를 느슨하게 하고 있을 것입니다.
그러니 밤에 몰래 자객을 보내 죽이면
되지 않겠습니까?"
"옳거니! 네 말이 맞다."
낙랑 태수는 군사들에게 칼 솜씨를
겨루게 하였어요.
"저기 감나무 옆에서 싸움을 하고 있는
자가 마음에 드는구나."

풀색 옷을 입은 군사가 낙랑 태수 앞에 불려 왔어요.
"우리 낙랑은 지금 벼랑 끝에 서 있는 것이나 마찬가지일세.
전쟁에 지면 우리 목숨은 물론 가족들도 무사하지는 못할 게야.
그러니 그대가 나서 주었으면 좋겠네."
군사가 굳은 표정으로 말했어요.
"이 한 몸 아끼지 않겠습니다."
낙랑의 병사는 검은 옷을 입고 밤중에 몰래
분서왕이 머무는 궁궐로 숨어들어
갔어요. 백제의 영토를 넓히는 일에
온 힘을 쏟던 분서왕은 자객의
칼에 맞아 그만 숨을 거두고
말았답니다. 이때가 왕위에
오른 지 겨우 6년이 지난
304년의 일이었지요.
한편 백제에서는 잦은
전쟁으로 불만이 쌓인
신하들이 분서왕이 죽은 뒤
분서왕의 아들 대신 평민으로
살고 있던 비류왕을 왕위에
앉혔답니다.

평민으로 살다 왕이 된 비류왕

분서왕의 세력을 몰아내다

분서왕이 중국에서 낙랑의 자객에게 죽임을 당했다는 소식이 전해지자
백제는 술렁이기 시작했어요. 더구나 고이왕 이후 계속해서 왕들이 땅을
넓히는 데에만 힘을 쓰고 나랏일은 돌보지 않았기 때문에
신하들과 백성들의 불만도 커질 대로 커졌어요.
"왕이 나랏일에는 관심이 없고 땅을 넓히는 일에만 신경을 쓰는군.
아예 궁궐을 떠나 전쟁터에서만 사니, 왕이 있는지도 잘 모르겠어."
신하들은 왕이 바다 건너에 있는 것에 불평하는 것이 아니었어요.

"우리 살기도 힘든데 나라의 땅이 넓어지는 게 무슨 상관이람.

제발 세금이나 깎아 줬으면 좋겠네."

이런 신하들과 백성들의 불만을 반기는 사람들이 있었어요.

이들은 불만에 차 있는 사람들에게 말을 퍼뜨리고 다녔지요.

"순수한 왕실의 핏줄이 아니니까 나랏일을 내팽개치는 것이다.

제대로 된 혈통을 지닌 왕을 세워서 백성들을 잘살게 하자."

분서왕은 혈통이 의심스러운 고이왕의 손자이니,

고이왕 계통의 왕은 내쫓고 새로운 핏줄로 왕실을 세우자는

움직임이 서서히 일어나기 시작했어요.

이렇게 해서 새로운 왕의 후보에 든 사람이

바로 비류왕이었답니다.

분서왕은 순수한 왕실의 핏줄이 아니야.

이번에는 제대로 된 혈통을 지닌 왕을 세우세.

나라 안에 소문을 퍼뜨리고 다니던 사람들은
새 왕을 모실 기회만을 엿보고 있었어요.
"왕에 대한 불만이 폭발 직전이야."
"맞아. 이 분위기를 이용해서 지금의 왕자 대신
새로운 왕을 내세울 수 있겠어."
분서왕의 아들이 백성들에게 환영을 받지 못하자
이들은 새로운 소문을 퍼뜨리고 다녔어요.
"구수왕의 둘째 아드님이 숨어서 살고 계신다. 그분이야말로
다음 왕이 될 자격이 있다."

분서왕의 아들들이 살아 있기는 했지만,

신하들은 그들 가운데 하나를 왕으로 모시려고 하지 않았어요.

"우리 백제는 지금 큰 어려움을 겪고 있습니다.

언제 적들이 우리를 공격할지 모릅니다. 지금까지 왕들이 오랫동안

나랏일을 내팽개치고 전쟁에만 힘을 쏟아 나라 살림이 엉망입니다.

왕자님들은 너무 어려 나랏일을 잘 해낼 수 없으니,

경험이 풍부한 왕실의 자손을 모시는 것이 좋겠습니다."

신하들은 구수왕의 둘째 아들로 알려진 비류왕을 다음 왕으로 밀며,

분서왕의 아들들이 힘을 가지는 것을 막았어요.

분서왕을 따르던 세력은 백제에서 점차 힘을 잃고 밀려났답니다.

〈삼국사기〉는 비류왕에 대해 '오랫동안 평민으로 살면서 명성을

떨쳤다.'라고 적고 있어요. 비류왕은 왕족은커녕 귀족으로도 대접받지

못하고 살아왔다는 뜻이지요.

하지만 비류왕이 구수왕의 둘째 아들이라는 말도 믿기 어렵답니다.

비류왕은 구수왕이 죽은 지 70년이 지난 후에야 왕이 되었거든요.

그러면 최소한 70세에 왕이 되었다는 것인데,

비류왕은 왕위에 무려 40년이나 머물렀어요.

그렇다면 110세까지 살았다는 것인데, 이것도 쉽게 믿기 어려워요.

아마도 고이왕과 마찬가지로 비류왕도 반란을 일으키면서 자신의

혈통을 거짓으로 지어낸 것이 아닌가 생각된답니다.

전쟁을 멈추고 백성을 돌본 비류왕

비류왕은 왕위에 오르자 신하들을 불러 모았어요.

"우리 백제는 천하에 기상을 떨쳤다.

밖에만 눈길을 준 지 오래라 백성들이 왕의 손길을 느끼지 못하고 있다.

이에 모든 전쟁을 멈추고 나랏일에 온 힘을 쏟으려고 한다.

그대들도 나를 도와 백성들의 어려움을 살피는 일에 최선을 다하라."

비류왕이 나랏일에 관심을 보이자 신하들은 매우 기뻐했어요.

그들은 전국 방방곡곡을 돌며 백성들을 직접 만나 보았어요.

한참을 돌아다니던 신하들이 하나씩 돌아왔어요.

"전쟁을 치르느라 식량이 바닥나 있습니다.

젊은 남자들이 부족하여 농사짓기가 여간 힘든 게 아닙니다."

신하들의 이야기를 다 듣고 나서 비류왕이 명령했어요.

"생활이 어려운 홀어미, 고아, 자식 없는 늙은이들에게 우선 곡식을
나누어 주도록 하라. 각 지방의 관리들은 백성들이 농사만 지을 수
있도록 쓸데없는 공사를 벌이지 마라."
비류왕은 백성들이 따르게 하기 위해 갖은 노력을 다했지요.
그럼에도 불구하고 비류왕을 몰아내려는 움직임이 있었어요.
비류왕의 동생인 우복이 앞장서서 반란을 일으킨 거예요.
"나야말로 왕이 될 자격이 있다. 분서왕의 아들들을 몰아내고 왕실의
혈통을 바로 세워 형님이 왕이 되는 데 내 공이 가장 컸다.
형님은 20년 넘게 왕 노릇을 했으니 이제 내게 왕위를 양보해야 한다."

우복은 비류왕이 왕이
되는 데 큰 도움을 주었으나,
비류왕이 24년이나 왕위에
머무르자 자신을 따르는
부하들과 함께 왕위를 뺏으려
했던 거예요.
반란을 일으키기 전에 우복은 왕실의
비서실장에 해당하는 내신 좌평이라는 높은 벼슬에 있었어요.
하지만 우복은 이에 만족하지 않았어요.
'내가 형님을 왕으로 만든 것이나 다름없는데, 형님은 왕이고
나는 신하라니 불공평하다. 비록 내가 높은 벼슬에
있기는 하나 소용없는 일이다.'

반란을 일으킨
우복과 군사들이 도망
가지 못하게 북한성을
둘러싸자.

우복은 자신을 따르는 군사들을 북한성에 보냈어요.

"북한성을 차지하여 우리 요새로 삼아야 한다.

그곳은 도읍과 가까울 뿐만 아니라 공격을 막아 내기가 쉽다."

우복의 군사들은 북한성을 차지하고는 도성을 공격했어요.

우복의 반란이 좀처럼 잡히지 않자 비류왕은 명령을 내렸어요.

"군사들을 더 보내도록 하라. 저들을 하나도 남기지 말고 없애야 한다."

비류왕은 한강을 사이에 두고 우복과 힘겨루기를 해야 했어요.

"우복의 군대가 강하다고는 하나, 우리 쪽 군사가 훨씬 많고 전쟁

경험도 훨씬 많다. 이따위 반란에 나라의 힘을 낭비할 수는 없다."

결국 비류왕의 군사들과 우복의 군사들이 북한성에서 맞붙었어요.

우복은 처음에는 잘 막아 내는 듯했지만

오랜 시간을 버티기에는 무엇보다도 식량이 부족했어요.

게다가 비류왕의 군사들이 북한성을 둘러싸자

식량을 가져올 길도 끊어지고 도망갈 길도 막혀 버렸어요.

우복은 결국 비류왕에게 무릎을 꿇고 말았답니다.

그 뒤로 비류왕에게 반기를 드는 세력은 더 이상 없었어요.

비류왕은 주변 나라와 전쟁을 하는 대신 사신을 주고받으며

평화를 유지하는 데 더욱 힘썼답니다.

"신라와 우리는 동쪽 국경을 마주하며 서로 공격하지는 않을까

걱정하며 살아왔다. 이제 그들과 사이좋게 지내려고 한다."

이제 신라뿐 아니라 말갈이나 낙랑과도 사이좋게 지내야겠다.

비류왕은 신라에 사신을 보내는 등 가까이 지내려고 노력했어요.
신라도 전쟁을 일으키고 싶지 않았기 때문에 비류왕의 제안을 기꺼이 받아들였지요.
'내가 왕위에 오를 수 있었던 것은 백성들이 그동안 전쟁에 지쳐 있었기 때문이다.
또다시 반란이 일어나지 말라는 법도 없지 않은가! 신라와는 관계가 회복되었으니, 말갈이나 낙랑과도 좋은 사이를 유지해야겠다.'
비류왕은 나라를 안정시키는 동시에 자신의 권력도 튼튼하게 지켜 나갔어요.
평민으로 살았던 비류왕은 누구보다 백성들의 생활을 잘 알고 있었어요.
그래서 40여 년 동안 왕위에 있으면서 형편이 어려운 백성들의 사정을 살피고 나라를 어질게 다스리다 세상을 떠났답니다.

용감하고 무예가 뛰어난 계왕

다시 왕권을 잡은 고이왕의 후손

계왕은 분서왕의 맏아들로 아버지 분서왕과 많이 닮았어요.

"큰 왕자님은 폐하를 빼다 박은 것 같아.

성격이 용감하고 무예도 뛰어나잖아?"

"맞아. 생김새도 똑같다니까."

계왕은 성격이 곧고 용맹하였으며, 무술이 매우 뛰어났어요.

하지만 계왕은 왕위에 오른 지 2년 만에 세상을 떠나고 말았답니다.

계왕에 대해서는 어떻게 왕이 되었는지, 왜 죽었는지 전혀 알려져 있지

않아요. 계왕의 무덤도 알 수 없을 뿐 아니라,

가족이 몇 명인지도 전혀 기록으로

남아 있지 않거든요.

백제, 이런 것들이 궁금해요

1,400여 년 전 백제 사람들의 모습은 어떨까요? 또 어떤 신을 모셨고, 글씨는 어디에 썼을까요? 백제는 일찍부터 불교와 앞선 문물을 받아들였으며, 기름진 땅에서 나라 살림을 살찌워 과학과 기술을 발달시키고 우수한 문화를 꽃피웠어요. 백제에 대한 여러 궁금증을 풀어 볼까요?

❀ 백제 사람들은 어떻게 생겼을까?

백제 사람들의 얼굴은 고구려나 신라 사람들보다 통통하고, 눈매가 갸름하며, 온순하고 부드러운 인상이에요. 어떻게 그걸 알 수 있냐고요? 백제의 불상이나 기와, 토기 조각 따위를 보면 알 수 있지요. 거기에 백제 사람들의 얼굴이 그려져 있거든요.

얼마 전에 부여 능산리에 묻혔던 백제 부부의 뼈를 컴퓨터로 되살려 보았더니, 오늘날의 충청도 사람 얼굴과 비슷했다고 해요.

▲ 백제 때 장터를 재현한 모습

❀ 백제 사람들은 어떤 신을 섬겼을까?

백제 사람들은 나라를 세운 온조와 온조의 아버지인 주몽을 신으로 모셨어요. 또 조상신도 섬겼지요.

하늘과 땅, 해와 달, 산과 강 같은 자연을 신으로 섬기기도 했어요.

불교가 들어온 다음부터는 부처님도 섬겼어요. 부처님에게 복을 빌며 나라가 평안하기를 기원했어요. 특히 백성들 사이에서는 미륵 신앙이 널리 퍼져 있었어요. 미륵보살이 미래에 이 세상에 내려와 사람들을 구한다는 믿음이지요. 그래서 백제의 불상은 대부분 미륵보살 모습을 띠고 있다고 해요.

❀ 나무판에 글씨를 썼다고?

백제에서는 종이가 귀해 나무판에 글씨를 썼다고 해요. 이것을 목간이라고 하지요. 판판하게 잘 다듬은 소나무나 밤나무 위에 간단한 내용을 붓으로 썼어요. 이때의 글씨는 물론 한자예요. 목간을 다시 쓰고 싶을 때는 나무판 겉을 잘 긁어내고 글씨를 쓰면 돼요. 목간 한쪽 끝에는 끈으로 매달기 쉽게 홈이나 구멍을 냈어요. 붓으로 글씨를 쓰는 대신 칼로 새기기도 했어요.

글씨를 쓴 목간 ▶

▲ 서산 마애 삼존 불상

❀ '백제의 미소'란 무엇일까?

서산 마애 삼존 불상은 암벽에 새겨져 있는 불상이 세 개여서 붙여진 이름이에요. 마애불이란 바위 면에 도드라지게 새긴 불상을 말해요.

둥근 얼굴에 큰 눈, 두툼한 입술을 한 이 불상은 백제 사람들처럼 밝고 부드러운 미소를 띠고 있어 '백제의 미소'라고 불려요. 백제 불상의 특징을 잘 드러내 주는 불상이지요.

햇빛이 비치는 방향에 따라 표정이 달라 보이는 마애 삼존 불상은 백제 불상 중에서도 으뜸으로 꼽혀요.

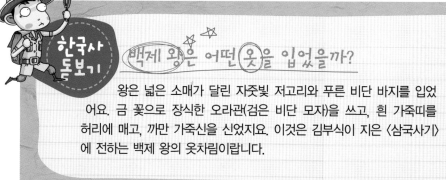

한국사 돋보기

백제 왕은 어떤 옷을 입었을까?

왕은 넓은 소매가 달린 자줏빛 저고리와 푸른 비단 바지를 입었어요. 금 꽃으로 장식한 오라관(검은 비단 모자)을 쓰고, 흰 가죽띠를 허리에 매고, 까만 가죽신을 신었지요. 이것은 김부식이 지은 〈삼국사기〉에 전하는 백제 왕의 옷차림이랍니다.

나도 왕으로 태어났더라면….

고이왕은 나라의 기틀을 어떻게 다졌을까?

고이왕은 나라의 기틀을 튼튼히 다진 왕으로 유명해요. 밖으로 마한의 중심 세력인 목지국을 쳐서 한강 유역을 차지했고, 안으로는 중국의 선진 문물을 받아들여 정치 체제를 갖추었어요. 고이왕이 어떤 업적을 남겼는지 자세히 알아볼까요?

🌸 벼슬을 정리하여 왕권을 다졌어요

넓어진 땅과 사람들을 잘 다스리려면 새로운 제도가 필요했어요. 고이왕은 관리들의 벼슬을 정리해 왕권을 튼튼히 했어요. 먼저 여섯 좌평을 두어 중요한 나랏일을 맡겼어요. 그리고 최고 관리인 좌평부터 맨 아래 극우까지 벼슬을 16관등으로 나누었어요. 그런 다음 벼슬마다 옷 색깔을 달리했지요. 1품에서 6품까지는 자주색 옷, 7품에서 11품까지는 붉은색 옷, 12품에서 16품까지는 푸른색 옷을 입었어요. 이렇게 해서 고이왕 때에는 신하들이 각자 맡은 분야에서 나랏일을 체계적으로 돌보게 되었답니다.

🌸 나라의 법을 만들어 시행했어요

고이왕은 나라를 다스릴 법을 만들어 널리 알렸어요. 먼저 관리들이 뇌물을 못 받게 하고 백성들을 괴롭히지 못하게 했어요. 만일 뇌물을 받으면 세 배 이상으로 물어 주고 평생 동안 감옥에 갇혀 있도록 했대요. 또한 도둑질한 자는 훔친 재물의 세 배를 물어내도록 했어요. 이렇게 고이왕은 나라의 기틀을 다져 나갔어요. 이것은 또 왕권 강화와 중앙 집권 체제가 다져지는 결과를 가져왔답니다.

우리나라 역사　세계 역사

230

제8대 고이왕 즉위 ➡ 234

235 ⬅ 로마, 군인 황제 시대(~284)

빈민층의 조세와 공물을 1년간 면제해 줌 ➡ 248

259 ⬅ 페르시아, 로마군 격파

페르시아의 수도였던
페르세폴리스 ▶

◀ 백제 왕과 왕비의
　금제 관식

6좌평 16관등, 공복 제도 정함 ➡ 260

율령 반포 ➡ 262

265 ⬅ 중국, 진(서진) 건국

서진에 사신 보내 외교 맺음 ➡ 277

280 ⬅ 진, 중국 통일

제9대 책계왕 즉위 ➡ 286 ⬅ 로마, 서로마와 동로마로
아차성과 사성을 수리함　　　　나누어짐

김제 벽골제의 수문, 장생거

김제 벽골제는 비류왕 시절에 만든 저수지예요. 신라가 만들었다는 기록이 있지만 300년 무렵에는 이 지역이 백제의 땅이었답니다. 비류왕 때 쌓기 시작했고, 신라 원성왕 때 증축된 것으로 보는 견해가 일반적이에요.

290

제10대 분서왕 즉위 ➡ 298

제11대 비류왕 즉위 ➡ 304

311 ⬅ 로마, 콘스탄티누스 1세 즉위

316 ⬅ 중국, 5호 16국 시대 시작(~439)

317 ⬅ 중국, 동진 성립

아잔타 석굴

인도 굽타 왕조의 대표적인 건축물이에요. 인도 아잔타 지방의 와호라 강 협곡의 절벽 중턱에 모두 29개의 석굴이 있어요.

벽골제는
우리나라 최초의
저수지야.

320 ⬅ 인도, 굽타 왕조 성립

325 ⬅ 니케아 종교 회의

330 ⬅ 로마 콘스탄티누스 1세,
비잔티움으로 수도를 옮김

제12대 계왕 즉위 ➡ 344

굽타 왕조는
북인도를 지배했어.
간다라 미술이
유명하지.

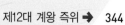